AF375582

Europas Zukunft

Eine konkrete Utopie

von

Winfried Böttcher

FSC
www.fsc.org
MIX
Papier aus ver-
antwortungsvollen
Quellen
Paper from
responsible sources
FSC® C105338

FSC® C105338

Nachdenkliches Hinführen

Albert Einstein

Keine Idee ist eine gute,
die nicht am Anfang völlig illusorisch erschien.

Ernst Gellner

»Dass das Realexistierende auch das Vernünftige sei,
gehört zu den schwachsinnigsten Behauptungen,
die in der Philosophie vertreten wurden.«

Václav Havel

Ohne einen Traum für ein besseres Europa
können wir kein besseres Europa schaffen.

Denis de Rougemont

Die autonomen selbstverwalteten und föderativen
Regionen sind also die einzige Alternative
zum Nationalstaat, dort in der Region
ist der Raum der Bürgerbeteiligung,
wo der Mensch der Welt als auch sich selbst bewusst
werden kann.

Kardinal Richelieu

Politik ist die Kunst,
das Notwendige möglich zu machen.

Inhaltsverzeichnis

Europa in der Krise –
Eine Zustandsbeschreibung

Der Nationalstaat und mit ihm die nationalstaatlich basierte Europäische Union befinden sich in einer existentiellen Krise. Diese Krise ist keine Krise wie viele andere in dem mehr als 70-jährigen Versuch, Europa zu einigen. Wir haben es mit einer Systemkrise epochalen Ausmaßes zu tun, einem Übergang von einer historischen Phase in eine andere, vergleichbar mit den ganz großen Umbrüchen in der Vergangenheit, wie etwa den Neuordnungen Europas nach dem 30-jährigen Krieg 1648 oder nach dem Wiener Kongress 1815. Die derzeitige Krise rüttelt an den Fundamenten der westlichen Gesellschaften, aber auch weltweit, ohne uns eine Orientierung zu geben, wie wir in Zukunft leben wollen. Nach der Auflösung der antagonistischen Ideologien, hier der Kapitalismus, dort der Kommunismus, damit einhergehend der Auflösung der Sowjetunion glaubte man, die Welt ließe sich in einem verträglichen Miteinander aufbauen. Das Gegenteil ist eingetreten, überbordender Nationalismus, Fremdenfeindlichkeit, Abschottungen und vieles mehr. Dies erzeugt in bedrohlichem Maße Ratlosigkeit, Angst, Orientierungslosigkeit und Verunsicherung.

Da es bei unserem Thema über die Zukunft Europas geht, betrachten wir nicht die Welt, die aus den Fugen zu geraten scheint. Nur ein Gedanke zur Weltlage – Europa ist nur ein Teil davon, wenn es darum geht, welches Lebensmodell sich in Zukunft durchsetzen wird, das demokratische oder das autokratische. Erschreckende Zahlen hat der jüngste Economist Index vorgelegt, der zeigt, dass nur noch 7,8 Prozent der Weltbevölkerung, das sind 23 Länder, die in einer *vollständigen Demokratie*, 37,6 Prozent, die in *mangelhaften demokratischen* Staaten und 54,6 Prozent, also 94 Staaten, in denen die Menschen in Unfreiheit Leben. Tendenz steigend.

Kommen wir auf Europa zurück.

Der Hauptstörenfried für eine notwendige grundlegende Reform der EU ist nach meiner Auffassung der Nationalstaat. Er ist die eigentliche Ursache für die Systemkrise der EU, weil er selbst in einer Systemkrise steckt und damit zwangsläufig die nationalstaatlich basierte EU mit hineinzieht. Er ist nicht bereit, seine Souveränität in einem notwendigen Maße auf die EU-Ebene zu verlagern. Nur dann könnte der Weg für eine europäische postnationale Demokratie freigemacht werden.

Der Nationalstaat hat seine historische Funktion erfüllt, z. B. sein Beitrag zur Überwindung des Feudalismus. Er ist auch nicht »das letzte Wort der Geschichte.« *»Die Nationen [und mit ihnen der Nationalstaat] sind nichts Ewiges.Sie haben einmal angefangen, sie werden einmal enden«* wie es Ernest Renan formulierte *(*Renan 1882, 447). Der Nationalstaat ist an die Nation gebunden, nicht aber die Nation an den Nationalstaat, wie zum Beispiel die Nation der Kurden zeigt.

»Der Nationalstaat steht unter einem doppelten Druck. Er wird durch vielerlei Kräfte von innen und außen verändert. Von innen ist er mit wachsendem Loyalitätsschwund und zunehmender Orientierungslosigkeit seiner Bürgerinnen und Bürger konfrontiert, weil er selbst orientierungslos geworden ist. Die Welt, in der der einzelne Mensch lebt, wird ständig unübersichtlicher« (Böttcher, 2014a, 715).

Besonders verdichtet sich die Kritik der Menschen in dem Gefühl, es gehe in der Gesellschaft

nicht gerecht zu. Neben der Bildungsgerechtig-
keit, der Steuergerechtigkeit, der Generationenge-
rechtigkeit steht die Verteilungsgerechtigkeit im
Focus.

*»Alle sozialen Werte – Freiheit, Chancen,
Einkommen, Vermögen und die sozialen Grundlagen der Selbstachtung – sind gleichmäßig zu
verteilen, soweit nicht eine ungleiche Verteilung
jedermann zum Vorteil gereicht«* (Rawls 1975,
83). Wenn alle gleich behandelt werden, vergrö-
ßert dies die Nachteile für die sowieso Benachtei-
ligten. Zurückgebliebene müssen auf Kosten der
bisher Bevorzugten überproportional entschädigt
werden. So wären zum Beispiel die unteren Lohn-
gruppen bei Geringverdienern zeitweise überproportional als Personen mit höherem Einkommen
zu berücksichtigen. Der Einwand, dies verletze
den Gleichheitsgrundsatz, greift deshalb nicht,
weil die Ausgangslage nicht gleich ist, sondern
ungleich ist und jede prozentuale gleichmäßige
Lohnerhöhung für alle Einkommensgruppen ten-
denziell zu immer mehr Ungleichheit führt. Will
man wirklich die in einer Gesellschaft bestehende
Ungleichheit verringern, muss man die von allen
erwirtschafteten Güter ungleich verteilen. Nur
Gleiche können gleich, Ungleiche müssen mit

dem Ziel einer Annäherung an die Gleichen ungleich behandelt werden. Gelingen wird dies nur, wenn die Forderung von Aristoteles (384–322), Ethik, Politik und Ökonomie in Einklang zu bringen, beherzigt wird. Dann hat der Populismus keine Chance.

Der Druck von außen auf den Nationalstaat nimmt durch die Globalisierung zu. Sie schränkt seine Handlungs- und Gestaltungsfähigkeit stetig ein. Er kann seine politischen und ökonomischen Ordnungsvorstellungen nur noch bedingt durchsetzen. Die *»Ideologie der Weltmarktgesellschaft« blendet außer der ökonomischen Dimension alle anderen Dimensionen aus, wie etwa die soziale, kulturelle, ökologische, politische und zivilgesellschaftliche. Im »Globalismus« lassen sich die Ziele am besten optimieren, wenn »Staat, Gesellschaft, Kultur und Außenpolitik wie ein Unternehmen geführt werden. Es handelt sich in diesem Sinne um einen Imperialismus des Ökonomischen [...]«* (Beck/Lange, 7).

Ein weiterer wichtiger Punkt für die abnehmende Kontrollfähigkeit des Nationalstaates sei noch erwähnt. Dem Nationalstaat sowieso, aber auch der Europäischen Union fehlt jegliche Kontrolle über die internationalen Kapitalmärkte, den größten deregulierten globalen Markt. Im Jahr 2019 betrug der gesamte Welt-Warenhandel ca. 19.000 Milliarden US-Dollar, der tägliche Devisenhandel ca. 6.600 Milliarden US-Dollar. Daran zeigt sich besonders deutlich die Machtlosigkeit der Nationalstaaten. Hinzu kommt der Druck, der ausgeübt wird, durch grenzenlose Deregulierung und neoliberale Überbietungslogik die Widerstände für die »Fließgeschwindigkeit« des Kapitals auszuräumen. Thomas Assheuer bringt es 2002 in »Die Zeit« auf den Punkt: *»Es ist ja nicht nur Joseph Stiglitz* [Nobelpreisträger für Wirtschaft 2001], *der befürchtet, dass die neoliberale Überbietungslogik buchstäblich im Nichts mündet. Ständig entdeckt die Abbau-Politik neue Hindernisse und Schwierigkeiten, die dereguliert und geräumt, flexibilisiert und gebrochen werden müssen, um die Fließgeschwindigkeit des Kapitals und des Wissens zu erhöhen. Zu Ende gedacht, hieße das, erst dort, wo nichts Altes, nichts Außerökonomisches mehr auffindbar ist, käme die Ökonomie zur vollen Blüte«* (Assheuer 2002, 43).

Die Hauptgründe für die Auffassung, dass die Europäische Union weder reform- noch zukunftsfähig ist, lassen sich wie folgt zusammenfassen:

Die Europäische Union hat etwas geleistet, was nicht hoch genug anzuerkennen ist. Sie hat für einen Teil Europas 70 Jahre Frieden garantiert, hat Ost und West, Nord und Süd des europäischen Kontinents miteinander versöhnt. Denn *Frieden ist nicht alles, aber ohne Frieden ist alles nichts.* (Willy Brandt) In verstörender Weise wird dies uns durch den Überfall Russlands auf die Ukraine 2022 bewusst gemacht.

Neben dieser alles überragenden Leistung ist die Europäische Union ein mehr oder weniger erfolgreiches, neoliberales, ökonomisches Projekt geblieben, das den Lebensstandard seiner Mitglieder erhöht hat. Auch das ist anzuerkennen.

Aber politisch und sozial ist sie ein Torso geblieben. Das liegt insbesondere daran, dass die Nationalstaaten nicht bereit sind, in notwendigem Maße Souveränität auf die Union zu übertragen. Nationalinteresse dominiert das Gemeinschaftsinteresse. In der derzeitigen Form gemeinsamer Entscheidungsfindung in der EU wird Souveränität durch kollektive, meist einstimmige Beschlüsse der Staats- und Regierungschefs ausgeübt. Jeder Mitgliedstaat kann bei Angelegenheiten, die in seinem nationalen Interesse liegen, mit einem

Veto die Beschlüsse blockieren. Ständig zeigt der ungarische Ministerpräsident Orbán, wie vorzüglich dieses Instrument funktioniert.

Nationalstaat und Nationalismus gingen im Laufe der Geschichte eine symbiotische Beziehung ein. Der zunehmende aggressive Nationalismus – nicht nur in Europa – gaukelt den Rückzug auf den anheimelnden Nationalstaat vor, verspricht Abschottung von all dem, was nicht national eigen ist, einhergehend mit Fremdenfeindlichkeit. Er bedroht unsere in einer jahrhundertelangen Kulturgeschichte erworbenen Werte. Er untergräbt die Demokratie. Nationalismus und Transformation der Nationalstaaten müssen zusammen gedacht werden.

Die Schlussfolgerungen aus der bisherigen Skizze einer nach meiner Ansicht nicht reformierbaren Europäischen Union ist, diese neu zu gründen. Die sogenannten Realisten werden mich einen Utopisten nennen. Aber, was die Vorstellung eines anderen Europa verheißt, *wird dann in Zukunft Wirklichkeit sein, wenn es in der Zeit verkündet wird, da es noch unmöglich scheint* (Hommes 1974, 157).

Ich kann mich voll und ganz Oskar Negt (1934–2024) anschließen, wenn er am Ende seines Buches *»Der politische Mensch«* feststellt: *Nur noch die Utopien sind realistisch* (Negt 2010, 560) oder wie Albert Einstein formuliert: *Keine Idee ist eine gute, die nicht am Anfang illusorisch erschien.*

Das Mögliche ist das Reale.

Diesen Gedanken will ich noch etwas vertiefen.

Im Jahr 1975 schrieb Ernst Bloch (1885–1977) in seinem Buch *Experiment Mundi: Denn das Reale enthält in seinem Sinn die Möglichkeit eines Seins wie die Utopie, das es gewiss noch nicht gibt, doch es gibt fundierten, diffundierenden Vor-Schein davon und dessen utopisch-prinzipiellen Begriff, so politisch wie ethisch wie ästhetisch wie methareligiös* (Bloch, 1975, 238).

Durch geistiges Verarbeiten der Wirklichkeit erwacht Möglichkeit. Hierbei überschreitet das Denken die Grenzen der gelebten Realität und weist zurück auf Vergangenheit und reflektiert Gegenwart. Es eröffnet sich sozusagen eine Betrachtungsperspektive wie das *Kann-sein* werden könnte.

Das Kann-sein – formuliert Ernst Bloch in seinem dreibändigen Werk von 1967 *Das Prinzip Hoffnung – würde fast nichts bedeuten, wenn es folgenlos bliebe. Folgen hat das Mögliche aber nur, indem es nicht bloß als formal zulässig oder als objektiv vermutbar oder selbst als objektgemäß offen vorkommt, sondern, indem es in Wirk-*

lichkeit selber eine zukunftstragende Bestimmt-heit ist (Bloch, 1967, 1, 271).

Verfolgen wir nun diesen Gedanken in einen Möglichkeitssinn für Europa, dann finden wir Argumente bei Robert Musil (1880–1942) in seinem berühmten Roman *Der Mann ohne Eigenschaften,* einem umfassenden Zeitporträt kurz vor dem Ersten Weltkrieg, wenn er in ähnlicher Richtung, wie später Ernst Bloch, denkt:

Wenn es aber Wirklichkeitssinn gibt, und niemand wird bezweifeln, daß er seine Daseinsberechtigung hat, dann muss es auch so etwas geben, das man Möglichkeitssinn nennen kann. Wer ihn besitzt, sagt beispielsweise nicht: Hier ist dies oder das geschehen, wird geschehen, muss geschehen, sondern er findet: Hier könnte, sollte, müsste geschehen: und wenn man ihm von irgendwas erklärt, daß es so sei, dann denkt er: Nun, es könnte wahrscheinlich auch anders sein. So ließe der Möglichkeitssinn geradezu als die Fähigkeit definieren, alles, was ebenso gut sein könnte, zu denken, und das, was ist, nicht wichtiger zu nehmen als das, was nicht ist (Musil, 19f.).

Ein anderer Begriff für Möglichkeitssinn ist Utopie, in unserem Fall besser: konkrete Utopie.

Damit verbinden wir nichts Unrealistisches, Weltfremdes, keine Hirngespinste, Luftschlösser oder Wunschbilder. Ebenso wenig verbinden wir damit Science Fiction oder Anti-Utopien, die vom Totalverlust der Freiheit des Menschen durch nicht legitimierte Herrschaft ausgehen, wie etwa George Orwells (1903–1950) *1984* oder Aldous Huxleys (1894–1963) *Brave New World*

Nein, mit konkreter Utopie verbinden wir ein grundlegendes Prinzip von Realität, ein in Gedanken vorweg genommen Möglichkeit von Zukunft. *Konkrete Utopie steht am Horizont jeder Realität, reale Möglichkeit umgibt bis zuletzt die offenen dialektischen Tendenzen-Latenzen*, wie Ernst Bloch formulierte (Bloch 1967, 1, 271).

In seinem, schon erwähnten Werk *Das Prinzip Hoffnung* stellt Bloch in dem Kapitel *Freiheit und Ordnung* einen Gedanken Johann Gottlieb Fichtes (1762–1814) vorweg, der auch weitgehend meiner Vorstellung gelebter Utopie entspricht. Er formuliert in seinem Buch Die Bestimmung des Menschen: *Ich kann mir die gegenwärtige Lage*

*der Menschheit schlechthin nicht denken, als die-
jenige, bei der es nun bleiben könne; schlechthin
nicht denken, als ihre ganze und letzte Bestimmung. Dann wäre alles Traum und Täuschung
und es wäre nicht der Mühe werth, gelebt, und
dieses stets wiederkehrende, auf nichts ausge-
hende, und nichts bedeutende Spiel mit getrieben
zu haben.*

*Nur inwiefern ich diesen Zustand betrachten
darf, als Mitel eines bessern, als Durchgangspunkt zu einem höhern, und vollkommnern, erhält
es werth für mich; nicht um sein selbst, sondern
um des Bessern willen, das er vorbereitet, kann
ich ihn tragen, ihn achten, und in ihm freudig das
Meinige vollbringen.*

*In dem Gegenwärtigen kann mein Gemüth
nicht Platz fassen, noch einen Augenblick ruhen;
unwiderstehlich wird es von ihm zurückgestoßen;
nach dem Künftigen und Bessern strömt unauf-
haltsam hin mein ganzes Leben* (Fichte, 104).

In diesem Gedanken Fichtes, der in einer zu-
nehmend verstörenden Welt nichts an Aktuali-
tät verloren hat, ist ein Punkt zentral. Jede Gegenwart ist nur dann *der Mühe werth gelebt zu*

werden, wenn sie ein Durchgangspunkt zu einer besseren Gesellschaft ist. Anders gewendet, wenn die lebende verantwortliche Generation der nachfolgenden eine bessere Welt hinterlässt.

Eine Antizipation eines künftigen Europas beginnt mit einer Gegenwartsanalyse, weil nur aus der Kritik an dem jeweils gegenwärtigen Zustand erst Zukunftsvorstellungen erwachsen können.

In die Gegenwart fließen kollektive Erinnerungen und Erfahrungen der Vergangenheit ein. So wird durch das Band zwischen Vergangenheit und Gegenwart Zukunft hergestellt.

Unsere Vision einer *konkreten Utopie* geht davon aus, dass sie geeignet erscheint, eine bessere europäische Gesellschaft zu entwickeln. Hierbei übersteigt unser Demokratiebegriff das rein Deskriptive. Vielmehr benutzen wir *konkrete Utopie* als nützliches Analyseinstrument.

Mit ihr wenden wir uns gegen die Erstarrung des Systems, gegen das Steckenbleiben im Vordergründigen, gegen den lähmenden Funktionalismus, gegen die Dominanz der Nationalinteressen gegen die Ungleichheit zwischen großen und kleinen Ländern, gegen die Dominanz der Nationalstaaten, vertreten durch den Europäischen Rat der Staats- und Regierungschefs, gegen die Bürgerferne im heutigen Lissabon-Europa und vieles mehr. Mit unserer konkreten Utopie von einem anderen Europa wollen wir kein Idealbild malen. Dies würde dem Adjektiv konkret widersprechen. Nein, wir wollen auch mit der Kritik an den bestehenden Verhältnissen Mittel und Wege einer Realisierung aufzeigen, die zu einer, wenn auch radikalen Veränderung der heute vorfindlichen europäischen Gesellschaft führen wird. Ob sich die Hoffnung von einem gerechteren, humaneren Europa, die in unserer Idee steckt, verwirklichen lässt, ist zwar ungewiss, aber nicht unmöglich.

Um nicht von Tag zu Tag in die planlose Zukunft hinein zu stolpern, Zukunft als etwas zu erleben, dem wir mit einem selbst bestimmten Entwurf begegnen, brauchen wir ein [europäisches] Selbstbild von dem, das in einem stimmigen Zusammenhang mit der Vergangenheit stehen muss, wie wir sie uns erzählen (Bieri, 26).

Wir werden die Konturen einer genossenschaftlich organisierten Gemeinschaft vorstellen, in der jeder Mensch gebraucht wird, in freier Selbstbestimmung seine Arbeitskraft und Identität zum Gemeinwohl beiträgt, je nach seinen Fähigkeiten und Bedürfnissen.

Mit einer Idee, nicht selten einer utopisch erscheinenden, begann und beginnt Realität.

Genossenschaftlich organisierte
Lebensgemeinschaft

Bevor ich das Projekt einer europäischen Republik der vereinten Regionen vorstelle, will ich noch auf den Gedanken genossenschaftlich, menschlichen Zusammenlebens kurz eingehen, quasi eine theoretische Grundlage.

Die vier ausgewählten Zitate drücken besonders gut aus, warum in einem *Europa der Regionen* eine menschliche Lebensgemeinschaft besser als in einem Nationalstaat gedeihen kann.

Vor 421 Jahren veröffentlichte Johannes Althusius (1573–1638) das Buch *Politica Methodice digesta et exemplis sacris et profanis illustrata*, ein Buch mit Grundlagen, wie Gemeinschaften zusammen leben sollten.

Im Gegensatz zu den meisten Wissenschaftlern seiner Zeit liegt bei ihm die Souveränität nicht bei einem Herrscher, sondern beim Volk. Veräußerungen von Rechten auf einen Dritten sind ausgeschlossen. Sein Grundbegriff ist wie etwa bei Cicero (106–43 v. Chr.) *consociatio*. Gemeint ist damit, eine enge Form von Gemeinschaft, eine Genossenschaft. Wie schon bei Aristoteles ist der Mensch das Wesen, das miteinander sprechen, kommunizieren kann. Althusius führt einen weiteren Begriff ein, nämlich *symbioticus*. Die *symbiotici* sind die *einander Helfenden*. Die Gemeinschaft setzt er föderal aus vielen Einzelgemeinschaften zusammen – private und öffentliche Genossenschaften; private, wie etwa Ehe, Familie, Zünfte, Innungen – öffentliche, wie Dörfer, Städte, Provinzen die sich autark selbst verwalten.

Politische Gemeinschaft definiert er als eine Genossenschaft (consociatio), in der sich die symbiotisch miteinander Lebenden (symbiotici) durch expliziten oder stillschweigenden Vertrag zur wechselseitigen Kommunikation dessen verpflichten, was zum Gebrauch des sozialen Lebens und der Mitgenossenschaft (consortium) nützlich und notwendig ist (politica methodice, dig.,I, § 2, zit. bei Ottmann, 3.1, 96).

Für Althusius ist Politik die Kunst, die Menschen in einer Gemeinschaft zu verbinden, sie zu vergemeinschaften in einer consociatio [Genossenschaft], die es ihnen ermöglicht miteinander zu leben und voneinander Hilfe und Nutzen zu erhalten (zit. bei Friedrich, 13).

Die von ihm projektierte Lebensgemeinschaft ist souverän, föderal, plural und subsidiär.

246 Jahre nach dem Grundlagenwerk des Althusius wie am besten Lebensgemeinschaften funktionieren, gründete einer der bedeutendsten linksliberalen Intellektuellen des 19. Jahrhunderts – Hermann Schulze-Delitzsch (1808–1883) – die erste Genossenschaft in Deutschland. Diese Genossenschaft steht heute auf der UNESCO-Liste des immateriellen Kulturgutes.

Als Jurist, Mitglied der Preußischen Nationalversammlung, Gründer der Fortschrittspartei, Mitglied des Reichstages ging es ihm vordringlich bei der Genossenschaftsbewegung um die soziale Frage, die ökonomische Stärkung des Kleingewerbes gegen die sich ausbreitende Großindustrie, um die Verbesserung der katastrophalen Zustände der Arbeiter *(vgl. Wende, 890ff.)*. Gerade in der Solidarität, dem Einstehen Einer für Alle und Alle für Einen.

Mit der Einordnung ihrer Glieder [der Genossenschaften] in eine machtvolle Gemeinschaft vereinigen sie den freiesten Spielraum für das individuelle Gebaren, die Eigenart eines Jeden. Gerade in der Solidarität, dem Einstehen Einer für Alle und Alle für Einen, bieten sie dem Einzelnen erst die sichere Unterlage für seine per-

sönliche Geltung, in der Gegenseitigkeit die beste Gewähr für seine Selbstständigkeit [...]. Alle für Einen, bieten sie dem Einzelnen erst die sichere Unterlage für seine persönliche Geltung, in der Gegenseitigkeit die beste Gewähr für seine Selbstständigkeit [...] *Aber nicht bloß die Solidarität der Pflicht, wie sie sich in dieser Haft kund gibt – nein, ganz besonders die Solidarität des Rechts gilt uns als der eigentliche Schlußstein der Organisation, der es hauptsächlich bewirkt, da die freie Persönlichkeit in der Gesamtheit nicht untergeht, sondern die beste Stütze in ihr findet. Die vollste Selbstbestimmung und Selbstverwaltung unter unmittelbarer Beteiligung aller Genossen bei Ordnung der gemeinsamen Angelegenheiten sind es, welche schon damals den Gipfelpunkt des Ganzen bildeten.* [...] (Schulze-Delitzsch, 572f.)

Der Geist der freien Genossenschaft ist der Geist der modernen Gesellschaft (ibid., 586).

Den Dritten im Bunde, den ich zitieren will, ist Ernst Friedrich Schumacher (1911–1977).

1972 veröffentlichte er seinen Weltbestseller *»Small is beautiful – die Rückkehr zum menschlichen Maß«.*

Es war die Zeit als der *Club of Rome* seine aufregende Studie *Die Grenzen des Wachstums* vorlegte. Mehr als 50 Jahre benötigten wir, um die dort aufgezeigte Dramatik zu begreifen.

Ganz im Sinne dieser Studie trat Schumacher für eine Miniaturisierung des technischen Fortschritts ein, sowie dafür, sein Maximum an Glück mit einem Minimum an Konsum zu erreichen. Seine Wirtschaftskritik war grundsätzlicher Art, insbesondere warnte er vor der Verwendung der Atomenergie, der weiteren Nutzung fossiler Brennstoffe und der Industrialisierung der Landwirtschaft.

Für unser Thema ist Schumacher deshalb interessant, weil er ein Klassiker für nachhaltiges ökonomisches Wirtschaften ist.

Was heißt dann Demokratie, Freiheit, Menschenwürde, Lebensstandard, Erfüllung? Geht es dabei um Güter oder Menschen? Selbstverständlich geht es um Menschen. Doch Menschen können nur in kleinen, überschaubaren Gruppen sie selbst sein. Wir müssen daher lernen, uns gegliederte Strukturen vorzustellen, innerhalb derer eine Vielzahl kleiner Einheiten ihren Platz behaupten kann. Wenn unser wirtschaftliches Denken das nicht erfasst, dann taugt es nicht. Kann es über seine ungeheuren Abstraktionen: Sozialprodukt, Wachstumsrate, Kapitalkoeffizient, Kosten-Nutzen-Analyse, Mobilität der Arbeitskräfte, Kapitalbildung nicht hinausgehen und keine Verbindung zur menschlichen Wirklichkeit: Armut, dem Gefühl der Vergeblichkeit, der Entfremdung, Verzweiflung, Zusammenbruch, Verbrechen, Fluchtbewegungen, Streß, Zusammenballungen, Häßlichkeit und Tod der Seele herstellen, müssen wir die Wirtschaftswissenschaften zum alten Eisen werfen und ganz neu anfangen (Schumacher, 64).

In unseren Überlegungen darf die Schweiz nicht fehlen. Sie ist das einzige Land in Europa, wenn nicht weltweit, das meiner Idee von einem *Europa der Regionen* sehr nahe kommt.

Die Schweiz ist auch ein Beispiel für die vorschnelle Behauptung, ein *Europa der Regionen* könne nicht funktionieren. Das Gegenteil ist der Fall. Sie funktioniert mit ihrem Kantonalkonzept und ihren vier Sprachen vorzüglich.

Denis de Rougemont (1906–1985) ist ein überzeugter und überzeugender Europäer, eines Europa auf der Grundlage der Vielfalt der europäischen Kultur, einer direkten Beteiligung seiner Bürgerinnen und Bürger am politischen Leben in freier Selbstverwaltung. Zudem gilt er als der Erfinder eines *Europa der Regionen.*

Ich glaube, [...], daß das Europa der Staaten die Quadratur des Kreises, ein Widerspruch in sich selbst, ein Verein von Misanthropen ist.Wenn der Nationalstaat das Hindernis ist – wie er selbst seit drei [heute schon seit sieben] Jahrzehnten mit schöner Beharrlichkeit demonstriert – dann liegen in der regionalen Antithese alle unsere Chancen, die Chancen zu einer Vereinigung unserer Völker [...]

[...] Es ist also die Aufgabe Europas, am Ende des 20.Jahrhunderts [im 21. Jahrhundert] am gelebten Beispiel der Regionen zu zeigen, daß der Nationalstaat ein überholtes, überdies ein tödliches [...] Konzept ist« (Rougemont, 281 f.).

Ein Blick zurück

Die Idee, die ich hier vertrete, nämlich Frankreich und Deutschland [möglichst mit den Be-Ne-Lux-Staaten] zu einer republikanischen europäischen Einheit zusammenzuführen, äußerte zum ersten Mal der scharfsinnige Publizist und Frankreichkenner Ludwig Börne (1786–1837) in seiner Dissertation aus dem Jahre 1807. Napoleon (1769–1821) hatte 1806 in der Schlacht von Jena und Austerlitz die Preußen vernichtend geschlagen.

1830 lockte die Julirevolution in Frankreich den jüdischen Intellektuellen nach Paris, in der Hoffnung, dort das Land der Freiheit zu finden. Bis zu seinem Tode lebte er in Paris.

Zeitlebens ließ ihn der Gedanke einer deutsch-französischen Vereinigung nicht mehr los. So auch in seinem Essay aus dem Jahr 1836 in der von ihm gegründeten und herausgegebenen Zeitschrift *La Balance*.

Der große europäische Republikaner wollte mit einer Auflösung und Vereinigung der beiden wichtigsten Staaten Zentraleuropas einen Föderalismus als Lebens- und Ordnungsprinzip in einer ersten Europäischen Republik umsetzen. Dies allerdings nicht im Sinne eines *Europa der*

Regionen, sondern im Sinne eines föderalen Nationalstaates.

Auf dem Pariser Friedenskongress von 1849 forderte Victor Hugo (1802–1885) die Vereinigten Staaten von Europa und beschwor den Tag, der kommen werde, *wo ein Krieg zwischen Paris und London, zwischen Petersburg und Berlin, zwischen Wien und Turin ebenso so absurd schiene wie zwischen Rouen und Amiens, zwischen Boston und Philadelphia, der Tag an dem die Vereinigten Staaten von Amerika sich von Angesicht zu Angesicht die Hände reichen.*

Wie der Pazifist Alfred Fried (1864–1921) schon vor mehr als 110 Jahren schrieb – trotz zweier menschenverachtenden Weltkriege, trotz mehr als 100 Kriegen seit 1945, jetzt wieder trotz des Ukraine-Krieges – wird es vergeblich sein, den Krieg auszumerzen *(vgl. Fried, 1).*

Bedenkt man, dass von 3.400 Jahren Menschheitsgeschichte nur 234 Jahre ohne Krieg verlaufen sind, dann ist die Geschichte der Menschheit eine Kriegsgeschichte. *(vgl. Wolfrum, 1)* Der Mensch ist ein kriegerisches Wesen.

Trotzdem pflanzte Victor Hugo mitten im deutsch-
französischen Krieg von 1870/71 demonstrativ in
seinem Garten eine Friedenseiche. Als Mitglied
der sich neu konstituierenden Französischen Nationalversammlung in Bordeaux setzte er sich am
1. März in einer Grundsatzrede mit der Zukunft
Europas auseinander.

*Er warnte und beschwor Franzosen und Deut-
sche, nunmehr wird es in Europa zwei fürchterli-
che Nationen geben, die eine, weil sie gesiegt hat,
die andere, weil sie verloren hat. Weder: sollte
sich die eine dem Siegestaumel hingeben, noch
die andere Revanchierungsgelüsten, vielmehr
sollten »wir in Zukunft ein einziges Volk bilden,
eine einzige Republik«. »Keine Grenzen mehr«,
rief er aus, »der Rhein gehört allen. Seien wir
eine Republik, bilden wir die Vereinigten Staaten
von Europa! Gründen wir die europäische Freiheit, den Weltfrieden«* (Hugo zit. b. Lützeler, 178).

Im Nachhinein kann man nur ausrufen: Ach,
hätten unsere Vorfahren doch auf den Dichter-
fürsten gehört. Unsägliches Leid wäre uns erspart
geblieben. Ein Glück für Europa, dass endlich die
Vernunft den Hass besiegt hat.

Eine Skizze eines anderen Europa

Nach der mehrfach geäußerten Überzeugung, dass Europa mit den Nationalstaaten nicht überlebensfähig ist, skizziere ich hier, wie ein postnationales Europa aussehen könnte. Es sind nur unabdingbare Grundelemente einer Skizze eines neuen europäischen Gesellschaftsvertrages zwischen autonomen Regionen. Ein solcher Vertrag muss von den Völkern der Regionen ausgearbeitet und in einem Referendum angenommen werden.

Die Idee ist, Frankreich und Deutschland verlassen die Europäische Union, gut vorstellbar zusammen mit den Be-Ne-Lux-Staaten, um gemeinsam eine Neugründung zu beginnen. Es soll jedoch kein neuer Superstaat entstehen, Sondern die Nationalstaaten werden aufgehoben, verstanden im Sinne Hegels (1770–1831), dies meint, die Staaten werden in ihrer bisherigen Form aufgelöst und entstehen auf einer höheren Ebene in einer neuen Form mit einer neuen Qualität. Mit diesem Entschluss der beiden wichtigsten Nationalstaaten der Europäischen Union könnte der zentrale Denkansatz eines regionalen Föderalismus umgesetzt werden. Zwei große bestimmende Kulturströme des alten Europa könnten in einem großen Strom zusammenfließen unter Beibehaltung regionaler Vielfalt der Kulturen, einschließlich der Alltagskulturen, als Erinnerung an die Vergangenheit und als Vermächtnis für humane Zukunftsgestaltung.

Wenn ein solche Republik anfangs nur aus Deutschland und Frankreich bestehen würde, hätte diese ca. 149 Millionen [ca. plus 30 Millionen] Einwohner und ein Bruttoinlandsprodukt von ca. 6.500 Milliarden Euro [ca. plus 1.500 Milliarden] [1].

Natürlich steht jedem europäischen Land von Anfang an oder später die Mitgliedschaft in der 1. Europäische Republik offen. Es muss seinen Nationalstaat aufgeben, seinen alten Staat regionalisieren sowie ohne Wenn und Aber die Verfassung der Republik akzeptieren. Auch ist es möglich, dass einzelne Regionen Europas, wie etwa Katalonien, Schottland, das Baskenland oder andere europäische Regionen, die des Nationalstaates müde sind, sich anschließen.

Bei der Weiterverfolgung unserer Idee bleiben wir bei Frankreich und Deutschland. Hier geht es also konkret um den Austritt Frankreichs und

---

1   Die Zahlen in Klammern berücksichtigen die Be-Ne-Lux-Staaten

Deutschlands aus der Europäischen Union, vereint in dem gemeinsamen Willen, mit der Neugründung Europas einen Systemwechsel herbeizuführen.

Der neue europäische Kernstaat besteht nach heutiger Gliederung aus 34 Regionen, den 16 Bundesländern und den 18 Regionen Frankreichs [13 in Europa, 5 in Übersee][2]. Nach meiner Auffassung entspricht die heutige Einteilung weder in Frankreich noch in Deutschland den notwendigen Gegebenheiten. Nach Kriterien, die sich u.a an der Wirtschaftskraft, der Einwohnerzahl und der kulturellen Identität orientieren, sollten vor einer endgültigen Zuordnung Strukturreformen durchgeführt werden. Zum Beispiel denke ich bei Nordrhein-Westfalen und auch bei Bayern an jeweils zwei Regionen, während andere zusammengelegt werden sollten

Die Erste Europäische Republik besteht aus zwei voll gleichberechtigten Häusern, dem *Haus der Völker* und dem *Haus der Regionen*. Sie hängen voneinander ab, kontrollieren sich gegenseitig und teilen sich die Macht.

---

2   [mit Ne 11, Be ¾ und Lux 2].

Beginnen wir mit der Verfassung für das neue System. Wie bei allen modernen Verfassungen so auch bei der hier zu konstituierenden, werden die Grundstrukturen des demokratischen Systems festgelegt. Es werden die Menschen-, die Bürger- und die Sozialrechte, die politische Willens – und Entscheidungsbildung, die Institutionen in ihren Kompetenzabgrenzungen, Gewaltenteilung, Rechtsstaatlichkeit, Sozialstaatlichkeit, Ämter- und Führungspositionen, Minderheitenschutz usw. festgeschrieben. Beginnen sollte die Verfassung mit dem herausragenden Satz des Grundgesetzes: *Die Würde des Menschen ist unantastbar.* Dieser Satz umschreibt geradezu dass Motto für eine Demokratie als Lebensform.

Des weiteren muss die Legitimation der neuen Ordnung gesichert werden.

Legitimation bedeutet, *daß dies Ordnung als gut und gerecht, das heißt als legitim, anerkannt wird. Die Verfassung kann eine politische Ordnung dadurch legitimieren, daß sie auf den Ursprung und die besonderen Umstände ihrer Gründung zurückweist. Im Akt der Verfassungsgebung haben »We the people«, wie es in der amerikanischen Verfassung von 1787 heißt, beschlossen, sich eine Verfassung zu geben. 1949 gibt sich das deutsche Volk das Grundgesetz und damit eine neue Ordnung* (Vorländer, 17f.).

In der logischen Folge dessen müsse es heißen: Die Völker der vereinten europäischen Regionen beschließen, sich eine Verfassung zu geben und damit eine neue Ordnung.

Aus allen Schichten der deutschen und französischen Regionen [vielleicht der Be-Ne-Lux-Regionen] wird eine paritätisch zusammengesetzte, gemeinsame verfassungsgebende Versammlung mit der Ausarbeitung einer Verfassung beauftragt. Nach der Annahme durch die Versammlung wird ein Regionen weites Referendum durchgeführt. Für die Annahme der Verfassung bedarf es einer Zustimmung von zwei Dritteln der Wahlberechtigten, jeweils aus den französischen und deutschen Regionen.

Gehen wir noch kurz auf die beiden Häuser der Republik und die Souveränitätsfrage ein. Grundsätzlich haben wir es insofern mit einem neuen politischen System zu tun, weil direkte und repräsentative Demokratieelemente unauflöslich miteinander verschränkt sind, mit dem Schwerpunkt der direkten. Dies ist im Sinne einer partizipativen Beteiligung der Bürgerinnen und Bürger unerlässlich.

Wie erwähnt sind die beiden Legislativorgane »Das Haus der Völker« und »Das Haus der Regionen«.

Das Haus der Völker setzt sich aus je zwei Abgeordneten pro angefangene Million Einwohner zusammen, die direkt gewählt werden [Luxemburg erhielte 4 Vertreter; Minderheitenschutz] Nur zu Beginn werden nationale Unterschiede noch eine Rolle spielen. Nach heutiger Bevölkerungszahl wären das 300 Vertreterinnen und Vertreter [+60 für Be-Ne-Lux]

Aus dem Parlament heraus und diesem verantwortlich wird eine Regierung gebildet, mit wenigen Zuständigkeiten:
* Außen- und Sicherheitspolitik
* Finanz- und Währungspolitik
* Koordination der Wirtschaftspolitik
* Koordination der Umweltpolitik
* Rahmensetzung für Sozialpolitik
* Rahmensetzung für Steuerpolitik
* Rahmensetzung für Verkehrspolitik

Alles, was nicht ausdrücklich in die Kompetenz
des Völkerhauses und der aus ihm hervorgegan-
genen Regierung fällt, ist im Haus der Regionen
verortet, wie u. a.

- Landschafts-, Raum-, Entwicklungs- und
  Siedlungsplanung
- Wirtschaftspolitik mit endogenen
  Potenzialen
- Arbeitsmarkt
- Energie
- Umweltpolitik
- Justiz und Polizei
- Familie – Jugend – Alter
- Soziales
- Erziehung – Bildung – Weiterbildung
- Kultur und Sport

Die Bevölkerung der Regionen wählt jeweils für
ihre Region unabhängig von ihrer Größe 6 Vertreterinnen oder Vertreter in das Haus der Regionen.
Im Moment wären das 204 Personen [+ 96]. Alle
Gesetze, die nicht ausdrücklich in die Kompetenz
der Regionen fallen, bedürfen der Zustimmung
beider Häuser.

Jede der 34 [50] Regionen dieser neuen Republik hat eine eigene Verfassung in einem zwischen den Regionen abgestimmten Rahmen Jede Region lebt weitgehend nach der ihr eigenen Regionsräson und ist souverän, wie es etwa heute die Schweizer Kantone sind.

An der Umsetzung regionaler Politik sind möglichst viele Individuen, Gruppen und Interessen zu beteiligen. Je breiter die Basis der Beteiligung am Zustandekommen einer Entscheidung ist, desto weniger Widerstand ist durch Partikularinteressen zu erwarten. So soll das Regionalparlament möglichst genau die Interessen der regionalen Bevölkerung abbilden. Dies setzt aber voraus, dass wir es nicht mehr mit einem repräsentativen Parteienparlament alten Stils zu tun haben. Parteien sind nur eine von vielen Interessengruppen, wie Bürgerinitiativen, Einzelinteressen, Gewerkschaften, Unternehmer, Nicht-Regierungsorganisationen, unabhängige Arbeitervertretungen, und wie auch immer sich Interessen artikulieren und bündeln. Sie alle können sich für das Regionalparlament zur Wahl stellen. Sperrklauseln widersprechen diesem Demokratieansatz. Mir ist bewusst, dass dadurch die Entscheidungsfindung arbeitsintensiver und schwieriger wird, dafür aber demokratischer.

Aus dem Parlament heraus wird ein Regionalrat gebildet, der die Politik ausführt., zusammen mit einer Verwaltung, die die tägliche Arbeit macht. Der Regionalrat ist jederzeit nach in der Verfassung festgeschriebenen Regeln abrufbar.

Die höchste Instanz der Region ist der Bürgerentscheid, der zu jedem Thema nach einem ebenfalls in der Verfassung festgelegten Quorum durchgeführt wird. Das Ergebnis ist für alle, die in der Region leben verbindlich.

Fazit

Die neue europäische Integration als ein System eines Europa der vereinten Regionen, einer *1. Europäischen Republik,* ist Ausdruck einer europäischen Föderation neuer Art, eines Europa ohne Nationalstaaten. Der Mensch ist in seiner Region weitestgehend selbstbestimmt durch ein Höchstmaß direkt demokratischer Beteiligung an ihn betreffenden politischen Entscheidungen.

Eine solch nachnationale Mischform einer Demokratie ist durch das Fundament des jahrhundertelang gewachsenen europäischen Wertesystems abgesichert. Zu diesem Wertesystem haben alle europäischen Völker, ob groß oder klein, ihren Beitrag geleistet .

Es reicht also nicht aus, für das nachnationale Europa, die institutionellen Voraussetzungen zu schaffen, sonder das Fundament der Neubesinnung ist das kulturelle Erbe.

Beeindruckend hat dies der Altmeister der mittelalterlichen Geschichte, Jacques Le Goff (1924–1914) in seinem Buch *Das alte Europa und die Welt der Moderne* dargelegt. Als wichtige Grundlage europäischen Denkens bezeichnet er *die Idee der Natur, die Idee der Vernunft, die Idee der Wissenschaft, die Idee der Freiheit, und vor allem die Idee des Zweifels und ihre Anwendung. War nicht der kritische Geist einer der wesentlichen Werkzeuge des Denkens und Handelns der Europäer und bleibt er nicht heute noch einer der großen Vorzüge [...]* (Le Goff, 9). Er plädiert für *die Schaffung eines neuen europäischen Humanismus. Der Humanismus war einer der großen Schöpfungen Europas. Das Europa von morgen wird ein humanistisches sein, oder es wird nichts sein* (ibid, 9). Terry Eagleton definiert in seinem Buch *Was ist Kultur?* (Eadleton, 182) wie folgt: *Kultur ist nicht mehr das wovon wir leben. In erheblichen Maße ist es auch das, wofür wir leben. Liebe, Beziehungen, Erinnerung, Verwandtschaft, Heimat, Gemeinschaft, emotionale Erfüllung, geistiges Vergnügen, das Gefühl einer letzten Sinnhaftigkeit.*

Eine fünfte Komponente neben der institutionellen, der ökonomischen, der wissenschaftlichen, der kulturellen ist die emotionale. Jacques Le Goff zitiert den italienischen Historiker Frederico Chabod (1901–1960) mit dem Satz: *Bei der Ausprägung der Idee Europas und des Europa-Gefühls hatten kulturelle und moralische Faktoren eine absolute Vormachtstellung inne, wenn sie nicht sogar eine ausschließliche Rolle spielt* (Chabod, zit. b. Le Goff,78)

Auf den Punkt gebracht: Europa ist Europa, wenn es Gefühl ist.

Eine europäische Föderation neuer Art, als ein *Europa der vereinten Regionen* wirkt als lebendiger Regionalismus, nahe beim Alltag der Menschen, der möglichst mit solidarischer und direkt demokratischer Partizipation aller Betroffenen die anfallenden Probleme zu lösen und die europäischen Werte zu leben vermag. Eingeschlossen hierin ist besonders auch die soziale Dimension, die Gerechtigkeit.

Das Europa der Zukunft wird regional, föderal und humanistisch sein, oder es wird gar nicht sein.

Personenregister

Verwendete Literatur

Quellen

Fichte, Johann Gottlieb (1800), Die Bestimmung des Menschen, Berlin

Renan, Ernest (1882), Was ist eine Nation?, in: Georg Brundel (2013)

Schulze-Delitzsch, Hermann (1865), Die nationale Bedeutung der deutschen Genossenschaften, in: Peter Wende (1990)

Monographien

Bloch, Ernst (1967), Das Prinzip Hoffnung, 3 Bde., Frankfurt a. M.

Bloch, Ernst (1975), Experiment Mundi, Frankfurt a. M.

Böttcher, Winfried (2023), Europas Zukunft – Eine europäische Republik der vereinten Regionen, Norderstedt

Bieri, Peter (2011), Wie wollen wir leben?, München

Fried, Alfred (1907), Die moderne Friedensbewegung, Leipzig

Friedrich, Carl Joachim (1975), Johannes Althusius und sein Werk der Entwicklung der Theorie der Politik, Berlin

Goff, Jacques (1996), Das alte Europa und die Welt der Moderne, München

Musil, Robert (1930/33/2013) Der Mann ohne Eigenschaften, Köln

Ottmann, Henning (2006), Geschichte des politischen Denkens, 9 Bde, hier: Bd. 3.1, Die Neuzeit, Von Machiavelli bis zu den großen Revolutionen, Stuttgart, darin: Johannes Althusius, 93-98

Rawls, John (1975), Eine Theorie der Gerechtigkeit, Frankfurt a. M.R

Rougemont, Denis de (1980), Die Zukunft ist unsere Sache, Stuttgart

Schumacher, Ernst Friedrich (2019), Small is Beautiful – Die Rückkehr zum menschlichen Maß, München

Vorländer, Hans (1999), Die Verfassung. Idee und Wirklichkeit, München

Wulfrum, Edgar (2003), Krieg und Frieden in der Neuzeit – Vom Westfälischen Frieden bis zum Zweiten Weltkrieg, Darmstadt

Sammelbände

Böttcher, Winfried (2014), Klassiker des europäischen Denkens – Friedens- und Europavorstellungen aus 700 Jahren europäischer Kulturgeschichte, Baden-Baden

Böttcher, Winfried (2019), Europas vergessene Visionäre – Rückbesinnung in Zeiten akuter Krisen, Baden-Baden

Brunold, Georg (2013), Nichts als der Mensch – Beobachtungen und Spekulationen aus 2.500 Jahren, darin: Renan, 439-447, Köln

Krings, Hermann u.a. (Hrsg.) (1974), Handbuch Philosophischer Grundbegriffe, 6 Bde., München, darin Hommes, Ulrich, Utopie, 1571-1577

Wende, Peter (Hrsg.) (1990), Politische Reden I, 1792-1847, Frankfurt a. M., darin: Schulze-Deltizsch, 571-186

Zeitschriften und Presse

Assheuer,Thomas (2002), Wer hat Angst vor der Utopie?, in: Die Zeit, Nr. 50

Beck/Ulrich/Dirk Lange (2005), Globalisierung und Politische Bildung, in: Praxis Politik, H.1, 1.Jg. 6-11

Economist Intelligence Index 2024

Praxis Politik, H.1, 1.Jg., 2005

Europas Zukunft
Eine konkrete Utopie

2. Auflage,
erschienen im April 2024

© 2024 Winfried Böttcher

ISBN: 978-3-7583-8836-1

Text: Dr. Winfried Böttcher
Umschlaggestaltung: Uwe Schaffmeister

Herstellung & Verlag: BoD – Books on
Demand, Norderstedt

Der vorliegende Vortrag wurde

am 10. April 2024 gehalten

auf Einladung der

Aachener Unesco-Sektion

in Kooperation mit dem Rahmenprogramm
der

Karls-Preis-Verleihung 2024

Winfried Böttcher

**Russland – Die Ukraine –
Der Westen**

4. Auflage, Norderstedt 2023

hrsg. Von Jochen von Stempel

ISBN: 978-3-7562-5716-4

15,50 €

Inhaltsverzeichnis

Winfried Böttcher

**Europas Zukunft –
Eine europäische Republik
der vereinten Regionen**

1. Auflage, Norderstedt 2023

ISBN: 978-3-7578-4702-9

14,00 €

Der vorliegende Vortrag bezieht sich in weiten Teilen
auf dieses Buch.